I LOVE WINTER
ME ENCANTA EL INVIERNO

Shelley Admont
Illustrated by Sonal Goyal

www.kidkiddos.com
Copyright ©2020 by KidKiddos Books Ltd.
support@kidkiddos.com

All rights reserved. No part of this book may be reproduced in any form or by any electronic or mechanical means, including information storage and retrieval systems, without written permission from the publisher, except in the case of a reviewer, who may quote brief passages embodied in critical articles or in a review.
First edition

Translated from English by Luisana Rivas
Traducción al español de Luisana Rivas
Spanish editing by Gabriela Esquivel
Edición en español por Gabriela Esquivel

Library and Archives Canada Cataloguing in Publication
I Love Winter (English Spanish Bilingual edition) / Shelley Admont
ISBN: 978-1-5259-3899-3 paperback
ISBN: 978-1-5259-3900-6 hardcover
ISBN: 978-1-5259-3898-6 eBook

Please note that the Spanish and English versions of the story have been written to be as close as possible. However, in some cases they differ in order to accommodate nuances and fluidity of each language.

It was morning. Jimmy woke up and sat on his bed.
Era de mañana. Jimmy despertó y se sentó en su cama.

"Something feels strange," he thought and looked around.
«Algo se siente raro», pensó y observó a su alrededor.

His favorite teddy bear was lying beside him, and his two older brothers were sleeping peacefully in their beds.
Su osito preferido estaba tendido junto a él, y sus dos hermanos mayores aún dormían tranquilamente en sus camas.

Everything looked normal – but he still felt that something was wrong.
Todo lucía como de costumbre, pero él sentía que algo estaba mal.

Jimmy hopped off his bed and began to walk around the room.

Jimmy saltó de su cama y empezó a caminar por el cuarto.

He opened the closet and looked inside, everything seemed normal.

Abrió el armario e inspeccionó dentro de este, todo parecía estar normal.

Jimmy started walking back to his bed, when he happened to glance out the window.

Jimmy empezó a caminar, de nuevo, hacia su cama cuando echó un vistazo por la ventana.

"Wohoooo!" he yelled, unable to hold his excitement.
– ¡Yujuuuu! – gritó, incapaz de contener su emoción.

"What happened?" asked his older brother as he stretched in his bed.
– ¿Qué pasó? – preguntó el mayor de los hermanos mientras se estiraba en su cama.

"Why are you so loud?" added his middle brother, slightly opening his eyes.
– ¿Por qué haces tanto ruido? – preguntó el otro hermano abriendo los ojos ligeramente.

"Wake up! Look outside!" Jimmy was jumping happily.
– ¡Despierten! ¡Miren afuera! – saltaba Jimmy, feliz.

The older brothers slowly approached the window.
El hermano mayor se acercó lentamente a la ventana.

"Jimmy, calm down, it's just snow," explained his older brother. "Remember, Mom told you about winter a few days ago? In winter, it snows, it's …" he didn't finish his sentence.
– Cálmate, Jimmy. Es solo nieve – le explicó su hermano mayor. – ¿Recuerdas que mamá te contó sobre el invierno hace unos días? Durante el invierno, nieva…– pero no pudo terminar de hablar.

"I want to touch it!" exclaimed Jimmy and quickly ran out of the room.

– ¡Quiero tocarla! – exclamó Jimmy y corrió rápidamente fuera del cuarto.

"Wait, Jimmy! It's really cold!" The brothers ran after him, but it was too late.

– ¡Espera, Jimmy! ¡Hace mucho frío! – Los hermanos lo siguieron, pero ya era demasiado tarde.

Jimmy was already standing in the snow in bare feet.

Jimmy ya estaba afuera, parado sobre la nieve, descalzo.

Moments later, he ran back inside yelling, "It's freee-eee-ee-zing!"

Un momento más tarde, corrió de vuelta a casa gritando:
– ¡Hace muuu-u-cho fr-rrr-río!

"We told you," said his middle brother, closing the door. "You need to put on your clothes."

– Te lo advertimos – dijo el hermano del medio, cerrando la puerta –. Necesitas vestirte.

All the noise made Mom and Dad wake up as well and come out of their room.

El ruido hizo que mamá y papá también despertaran y salieran de su cuarto.

"Oh, Jimmy, what happened?" asked Dad.

–¡Oh, Jimmy! ¿Qué pasó? – preguntó papá.

"The snow was so cold!" said Jimmy chattering his teeth.

– La nieve estaba tan fría – dijo Jimmy mientras rechinaba sus dientes.

Mom brought a blanket and wrapped it around Jimmy. "Here, now you will become warmer, and I will make hot chocolate for everyone."

Mamá trajo una cobija y envolvió a Jimmy con ella.

– Toma, ya te calentarás. Mientras, prepararé chocolate caliente para todos.

After breakfast, the family was preparing to go outside to play.

Después del desayuno, la familia se estaba preparando para salir a jugar.

"No, no! I'm not going out," said Jimmy, shaking his head. "What if my feet freeze again?"
– ¡No, no! No pienso salir – dijo Jimmy meneando la cabeza. – ¿Y si se me congelan los pies de nuevo?

"You can put on your new winter boots," said Mom, pointing to his boots. "Remember, we bought them together?"
– Puedes estrenar tus botas de invierno – dijo mamá señalándolas –. ¿Recuerdas que las compramos juntos?

"And your warm winter socks," added Dad.
– Y tus medias, cálidas, de invierno – agregó papá.

"But what about my hands? My hands will freeze too! No, I'll stay inside," said Jimmy.

– Pero ¿qué hay de mis manos? ¡Se congelarán también! No, me quedaré en casa – dijo Jimmy.

"You can put on your mittens, Jimmy," said his oldest brother, smiling. "We bought orange mittens for you, blue ones for me ..."

– Puedes ponerte tus guantes, Jimmy – respondió con una sonrisa su hermano mayor –. Compramos guantes anaranjados para ti, azules para mí...

"And green mittens for me!" added the middle brother. "Winter is so much fun! Come on, let's play outside!"

– ¡Y guantes verdes para mí! – exclamó el hermano del medio–. ¡El invierno es tan divertido! ¡Vamos, juguemos afuera!

"Are you sure?" Jimmy asked.

– ¿Están seguros? – preguntó Jimmy.

"Don't worry," said Mom in a calm voice. "The winter coat and the pants will keep your body warm. You will put a hat on your head and a scarf around your neck. Then you won't be cold!"

– No te preocupes – dijo mamá con voz tranquila –. El abrigo de invierno y los pantalones mantendrán tu cuerpo cálido. Te pondrás un gorro en la cabeza y una bufanda alrededor de tu cuello. ¡Así no tendrás frío!

Jimmy hesitated. "What if my … umm … nose gets cold?" he asked. His brothers burst out laughing.

Jimmy dudó.

– ¿Y si… um… mi nariz se congela? – preguntó. Sus hermanos estallaron de la risa.

"If your nose gets cold, I will kiss it to warm it up," said Mom, giving him a soft kiss on his nose.

– Si tu nariz se congela, la derretiré con un beso – dijo mamá dándole un dulce beso en la nariz.

The family put on their winter clothes and went outside.
La familia se vistió con ropa de invierno y salió.

Jimmy took a step into the snow and stopped.
Jimmy dio un paso hacia la nieve y se detuvo.

He felt nice and warm in his clothes. Everything around him was covered with snow. It was magical.
Se sintió bien y cálido con su ropa especial. Todo a su alrededor estaba cubierto de nieve. Era mágico.

All of a sudden, something cold landed on his nose.
De repente, algo frío aterrizó en su nariz.

"Ahh! What is that?" screamed Jimmy, running around in circles.

– ¡Ahh!, ¿qué fue eso? – gritó Jimmy y empezó a correr en círculos.

"It's just snowflakes," said Mom smiling. "Hold out your hand."

– ¡Solo son copos de nieve! – dijo mamá sonriendo –. Extiende tu mano.

Jimmy held out his hand until a gorgeous snowflake landed on his orange mitten. Then another, and another....

Jimmy sostuvo su mano hasta que un hermoso copo aterrizó en su guante anaranjado. Luego, otro y otro...

"Look, I got six snowflakes!" exclaimed Jimmy. "They are all different!"

– ¡Miren, tengo cinco copos de nieve! – exclamó Jimmy –. Todos son distintos.

"It's much more fun to catch them with your tongue," said his middle brother, sticking out his tongue. "Look!"

– Es mucho más divertido cuando los atrapas con tu lengua – dijo el hermano del medio extendiendo su lengua–. ¡Mira!

The family spent a wonderful day outside.
La familia pasó un día maravilloso afuera.

They built a snow bunny, had a snowball fight, and went sledding.
Hicieron un conejo de nieve, tuvieron una guerra con bolas de nieve y se deslizaron en su trineo.

In the end, they were tired but happy.
Al final, volvieron cansados pero felices.

When they came back inside, they took off their winter clothes and sat around the table for lunch.

Cuando regresaron a casa, se quitaron su ropa de invierno y se sentaron alrededor de la mesa para comer.

"Today was a fun day!" said Jimmy, eating hot soup. "Is tomorrow winter too?"

– ¡Hoy fue un día divertido! – dijo Jimmy mientras bebía sopa caliente –. ¿Mañana también será invierno?

www.ingramcontent.com/pod-product-compliance
Lightning Source LLC
Chambersburg PA
CBHW061135070526
44584CB00033B/4333